RÉFUTATION

DE

QUELQUES OPINIONS AVANCÉES

DANS

LE MÉMOIRE A CONSULTER

DE M. LE COMTE DE MONTLOSIER.

PAR

Mme la Comtesse de Bradi.

/ On le peut, je l'essaie ; un plus savant le fasse.
LAFONTAINE.

PRIX : 75 CENT.

Paris,

CHEZ TOUS LES LIBRAIRES,

MARCHANDS DE NOUVEAUTÉS.

MAI. = MDCCCXXVI.

ORLÉANS, IMP. D'ALEX. JACOB.

RÉFUTATION

QUELQUES OPINIONS AVANCÉES

LE MÉMOIRE A CONSULTER

DE M. LE COMTE DE MONTLOSIER.

Nommera-t-on célébrité ou scandale le succès que vient d'obtenir le livre publié par M. le comte de Montlosier, sous le titre de *Mémoire à consulter?* peu importe : qu'il soit rangé parmi les chefs-d'œuvre, qu'il soit relégué parmi les libelles, il mérite un examen attentif; et grâce au sujet étendu, immense, embrassé par M. de Montlosier, cet examen devient une mission que le plus grand nombre est appelé à remplir sans orgueil, comme sans humilité; sans esprit, comme sans connaissances : c'est ce que nous allons développer.

Par une introduction remplie de vivacité, d'énergie, d'anxiété, de tout ce qui constitue une passion qu'aucun danger n'intimide, qu'aucune considération n'arrête, qu'aucun frein ne modère,

1*

M: le comte de Montlosier *révèle à la France une conspiration contre sa religion, son roi et la société ;* conspiration, conséquemment, qui menace d'abord la patrie, puis tous les peuples. *Révéler* n'est pas le mot propre, nous employerons celui de *dénoncer ;* et comme M. le comte de Montlosier dit : *J'ai aperçu la conspiration a son origine, je l'ai suivie, je la vois, je la dois combattre :* nous serons forcés d'après ce *moi* de M. de Montlosier, qui avance tout, qui répond de tout, de dire : M. le comte de Montlosier *dénonce une conspiration, un système, une collection, une incorporation, un régiment, une combinaison* (1), une chose enfin qu'il est également *embarrassé* de *révéler,* de *combattre,* et ce qui est plus curieux encore, *d'exposer* et de *faire comprendre* (2).

Cet incertain, cette espèce d'inconnu qui excite les craintes de M. de Montlosier, il l'appellera décidément la *congrégation ;* quelquefois aussi les *jésuites,* l'*ultramontanisme,* et l'*esprit des prêtres :* or, les *congréganistes,* les jésuites (quand il y aura des religieux de ce nom), les ultramontains et les prêtres, sont dans l'obligation de rassurer la France et le monde allarmés. Ils sont tous

(1) Mémoire à consulter, p. 1, 2, 3.
(2) P. 1, 2, 3.

(5)

désignés comme *puissans, habiles, persévérans,
fous, bêtes;* il est difficile de ne pas se trouver
dans une de ces cathégories; et c'est comme faisant
partie de celle où il plaira au public de nous
placer, que nous examinerons le *Mémoire à
consulter* de M. de Montlosier, qui dit lui-même
que *le droit de plainte est assuré à tout citoyen
menacé individuellement ou collectivement* (1).

Il est étrange que dans un cas aussi grave que
celui où l'on croit devoir signaler comme sus-
pects et dangereux des milliers de Français (2),
on soit, de son propre aveu, aussi embarrassé
pour alléguer des faits, citer des paroles, trouver
des dénominations. Est-ce avec légèreté qu'on se
décide à accuser *la vertu de crime, la piété d'ir-
réligion, la fidélité de révolte* (3)? Ce concours
d'expressions contrastantes peut flatter la vanité
de l'écrivain et la curiosité des lecteurs; mais
tout ce qu'il y a de respectable sera-t-il sacrifié à
de semblables puérilités ? Et si c'est vraiment un
sentiment intime de patriotisme, de droiture et
d'indignation qui a guidé la plume de M. de
Montlosier, comment n'a-t-il pas attendu pour
le faire partager, qu'il pût l'appuyer sur des

(1) P. 311.   (3) P. 5.
(2) P. 118.

preuves positives, irrévocables? Il ne faut pas moins que l'évidence, et, nous le dirons, une évidence palpable, pour justifier une invocation aux lois, un appel à l'animadversion générale contre une incorporation, contre un individu, quels qu'ils soient? Pourquoi M. de Montlosier commence-t-il si vaguement à l'égard de l'existence de ceux qu'il attaque, et si précisément à l'égard de la surveillance dont ils doivent être, l'objet, à l'égard de leur dissolution qu'il sollicite? Les magistrats auraient fort à faire, s'il leur fallait agir d'après les premières indications de M. de Montlosier; car il leur dit d'abord : Vous ne voyez rien, ni moi non plus ; mais il faut toujours frapper. Un peu plus loin cela s'éclaircit ; et Mont-rouge, Saint-Acheul, les confrairies apparaissent comme des points lumineux à travers un brouillard ; les bannières de la Vierge et des Saints sont *ces signes*, ces *points de ralliement* (1) que l'on démêle enfin, et autour desquels se réunissent ces *collections* de citoyens, qui, M. de Montlosier le demande à MM. les jurisconsultes (2), n'ont peut-être ni le droit d'avoir des bannières, ni celui de se réunir.... Mettre en question le droit de porter une image, de l'entourer, de la suivre, et faire décider ce point par des jurisconsultes,

(1) P. 3.   (2) P. 4.

c'est soumettre à une singulière contrainte des catholiques, et des Français, qui prétendent avoir combattu depuis trente ans pour une liberté qu'ils méditaient dès les Croisades. Le joug de MM. les jurisconsultes sera-t-il plus doux que les statuts des confrairies? C'est ce que nous ignorons; mais la satisfaction d'avoir choisi l'exercice de notre volonté, comptera-t-on cela pour rien au 19e. siècle? C'est pour nous, congréganistes, que l'on veut restreindre la faculté accordée aux gens du monde, aux directeurs de spectacles, aux banquiers de jeux, de réunir, de *presser* la foule jusqu'à la mettre en péril! Voilà le premier point sur lequel *consulte* M. de Montlosier : il le quitte pour passer à l'*infaillibilité des pontifes romains*, qui a été si discutée, si réfutée, que même le talent de M. de Montlosier ne lui rend point un intérêt usé par le temps comme par le nombre et l'autorité des déclarations qui l'ont proclamée non admissible. *Un certain ordre re-ligieux* vient à la suite du pape; et le cortége conspirant est fermé par les *bons prêtres*, objet du respect de M. de Montlosier, qu'il va accuser fortement de conduire la Religion et la France à sa perte (1). Peut-on rien lire de plus plaisant, de plus gai? et la forme et la matière

____

(1) P. 4.

(8)

sont également réjouissantes : ces bons prêtres
qui nous font rouler *d'abîmes en abîmes*, tandis
qu'ils sont environnés du respect et des accusa-
tions de M. de Montlosier!... Nous ne connais-
sions plus ces tons fins et naïfs à-la-fois que Pascal
créa et que M. de Montlosier retrouve. Mais nous
n'oserions assurer qu'il y eût rien dans les *petites
lettres* d'équivalent à ce que nous venons de citer.
Aussi ne nous excuserons-nous point de nous
être écartés un instant du fond du sujet pour en
admirer les accessoires.

Après cette récapitulation des quatre points sur
lesquels il consulte, M. de Montlosier passe à ce
qui le concerne personnellement, et nous ap-
prend qu'il a combattu les opinions populaires (1);
qu'il a combattu à Londres, à Coblentz (2), qu'il
a combattu M. d'Entraigues, M. Ferrand, les Ja-
cobins (3), les émigrés (4); qu'*enfin sa vie n'est
pas douce, mais que Dieu la lui a faite ainsi* (5):
que *ses compositions sont âpres ; mais qu'on les
lui pardonnera* (6): cela n'est pas sûr du tout,
si la congrégation, les ultramontains, les pères
de la foi, et les *bons* prêtres, ne sont pas plus
chrétiens qu'il le prétend ; et cette humeur *mi-*

(1) P. 5.   (4) P. 15.
(2) P. 15.   (5) P. 16.
(3) *Idem.*   (6) *Idem.*

litante, et cette *âpreté* ont besoin d'une charité ranimée, réveillée par mille petites pratiques que M. de Montlosier est bien tenté de proscrire. Cependant, c'est une opinion *très-probable*, que M. de Montlosier n'éprouvera de la part de ceux qu'il dénonce, aucune de ces *traverses* (1) qu'il semble redouter; mais un autre danger l'attend; il le prévoit; il veut le conjurer : c'est en vain. Oui, *ce parti* dont M. de Montlosier refuse à l'avance *l'approbation* (2), l'en poursuivra : il lui faudra subir *ces éloges* de toutes les oppositions qui doivent tant *l'attrister* (3): ces journaux qu'il se *repent d'avoir appelés révolutionnaires* (4), retentiront d'acclamations en son honneur; ces *opinions populaires* qu'il abhorrait, s'appuyeront dorénavant sur l'opinion qu'il manifeste : et quel sectateur des principes nouveaux refuserait ses hommages à M. le comte de Montlosier publiant qu'à la *souveraineté des sans-culottes a succédé la souveraineté des prêtres?* Voir quelques institutions catholiques assimilées à celles des *Carbonari*, est-ce un spectacle assez satisfaisant pour ceux que M. de Montlosier désigne sous les noms d'encyclopédistes, de libéraux, d'impies ? Que M. de Montlosier s'irrite, s'il lui plaît, de l'en-

(1) P. 14.　　　　(5) P. 16.
(2) P. 15.　　　　(4) P. 6.

thousiasme qu'il excite, il plaît bien plus aux autres de l'en faire l'objet : M. de Montlosier ne sera
pas le plus fort.

Les quatre points sur lesquels consulte M. de
Montlosier, et qu'il indiqué dans son *introduction*, sont le sujet des quatre parties qui composent son livre : il faut l'avouer, ce ne sont que les
idées de l'introduction reproduites et peut-être
délayées.

D'abord vient *la congrégation*, sur laquelle,
ainsi qu'au commencement, l'auteur ne sait
comment s'exprimer; elle lui paraît *confuse dans
son objet, dans son origine, dans sa composition;
elle a un tronc; elle a des membres; elle est mu-
tilée; existe-t-elle ? ou n'existe-t-elle pas* (1) ? C'est
un foyer d'intrigues, d'espionnage, de délation.
Non, c'est *une réunion d'anges.* Vous n'y êtes pas:
c'est *une assemblée de sages.* C'est *un tout vigou-
reusement constitué* et *savamment organisé.....*
c'est *un corps.....* c'est *une ombre* (2)..... Qu'est-
ce? que n'est-ce pas? Jamais on ne s'est joué à
cet excès du sens et de la raison; mais voulez-
vous une preuve de la puissance de cet être mys-
térieux et monstrueux à-la-fois? En 1716, l'ambi-
tieuse congrégation ne se contente plus de *la
société,* elle veut *s'emparer de l'armée;* elle réus-

(1) P. 25.   (2) P. 18.

sit': voilà *des congréganistes* à pied et à cheval, de toute arme. Le gouvernement frémit; il *défendit les associations* dans l'année même.... Suivez bien ceci, pesez bien ce fait : Oui, le gouvernement défendit les associations dans l'armée..... Eh bien, vous ne prévoyez pas ce qui arriva? c'est qu'il n'y eut plus d'associations dans l'armée... Mais *la société demeura infectée; il y avait plus de sept cents institutions dans les bourgs et villages où l'on recommandait comme aujourd'hui d'être soumis aux princes et aux magistrats, et de faire toutes sortes de bonnes œuvres* (1). Rien ne pouvait être plus inquiétant pour l'état : aussi *le parlement, toutes les Chambres assemblées, supprima par l'arrêt du 7 mai 1760 les sept cents institutions :* et les institutions furent supprimées; il en fut de la société comme de l'armée; personne n'imagina de désobéir, de se révolter. Et cette envahissante, cette gigantesque puissance qui menaçait l'état et effrayait le parlement, fut anéantie par un seul de ses ordres : c'est M. de Montlosier qui a eu l'obligeance de rapporter ces deux faits singulièrement précieux pour les congréganistes, quand ils sont soupçonnés de conspirer; car cela prouve qu'ils agissent si sourdement, si lentement, que c'est à-peu-près comme s'ils se tenaient

(1) Tout le chapitre premier, de la première partie.

en repos..... Mais *l'esprit* qui anime en général les congrégations *subsiste*, même alors que celles-ci sont anéanties ; et comme, d'après les définitions de M. de Montlosier, elles paraissent beaucoup tenir de la nature du polype, cet esprit suffit pour les reproduire : aussi sous Bonaparte, elles reparaissent, et leur premier soin est *de s'emparer de la jeunesse*. Qu'en font-elles ? Saint-Sulpice, *cette création, cette affiliation des jésuites* (1), répondra : les pauvres, les infirmes, les convertis, les pénitens, tous les misérables de ce quartier répondront aussi. Mais la congrégation tolérée, puis réprimée par Napoléon (et l'on ne peut le lui reprocher en conscience) survécut à cette puissance du siècle, et on la vit *dans la Vendée et dans le midi servir avec un zèle, que le 20 mars n'affaiblit pas, la cause des Bourbons* (2)..... Que répondront à cela MM. les jurisconsultes ? C'est dans son chapitre des *faits*, que M. le comte de Montlosier le leur demande..... Il résulte de tout cela que *sans le secours de bons et honorables plébéiens, de bons et honorables libéraux, le trône n'eût point été préservé* (3). Si ce ne sont-là des plus jolies conclusions qui se puisse donner, nous renonçons à notre part d'en-

(1) P. 24.   (5) P. 27.
(2) P. 25.

tendement humain..... Il est vrai que *bon*, selon
M. de Montlosier signifie : qui *précipite*, qui
abíme (1). Quant à la qualification *d'honorable*,
nous ne savons comment il l'entend ; mais sans
nous arrêter au sens des mots, qu'il n'intervertit
guères plus que celui des choses, nous demandons
à notre tour comment s'y prendrait le gouvernement royal pour baser sur la conduite de
la congrégation, un traitement semblable à celui
qu'elle a éprouvé du gouvernement impérial ?....
Continuons l'énumération des preuves que donne
M. de Montlosier du crédit illimité qu'a su usur-
per cette occulte puissance : elle a désiré que
M. de Villèle cessât d'être ministre.....Nous n'examinerons pas si ce souhait contrariait le vœu des
Chambres et celui d'un assez grand nombre de
publicistes pour inquiéter la nation : nous nous
bornerons à remarquer que M. de Villèle est ministre : ce qui donne la mesure d'une exigeance
et d'une faveur qui n'ont encore rien de formidable.
Cependant, comment justifier certains envahisse-
mens ? Le grand commun de Versailles cache à
tons les yeux *huit ou dix mille ouvriers* (2) dont
les travaux bruyans et les chants religieux ne lais-
sent aucun doute sur le projet de sapper en si-

(1) Voyez les premières pages du Mémoire à consulter.
(2) P. 32.

lence *la charte* et toutes nos institutions : *on a refait la toiture après avoir repeint l'intérieur en blanc rosé*,(1)..... Ah! quelle circonstance! Dieu sait pourquoi l'abbé L*** a choisi le *blanc rosé!* Cette teinte-là peut conduire au *bleu,* couleur des révoltés grecs..... Nous demeurons muets devant le *blanc rosé :* qui pourra l'expliquer, l'absoudre!!! Et cette nouveauté parmi notre clergé chrétien, de ne point négliger *les marchands de vin, les laquais, les femmes de chambre* (2), qu'en dirons-nous ? ce n'est que de nos jours que l'on a imaginé que ces gens-là avaient une ame à sauver : nous voilà retombés dans l'*égalité;* et la *congrégation* procède au renversement du trône, en décorant cette tourbe de scapulaires, de rosaires, semblables en tout, à ceux que portent des courtisans, des magistrats, des militaires de tout grade. Voilà de quoi soulever les peuples et dégoûter de la Religion. On a pu compter jusqu'à cent trente députés (3) qui consentaient à s'unir d'intention pour prier avec des électeurs à cent écus!... *Quant aux magistrats, aux commandans, aux préfets et sous-préfets,* la congrégration les *épouvante :* car si *elle remplit la capitale,* elle *domine les provinces* (4). Oh! l'inconcevable in-

(1) P. 52.   (3) P. 56.
(2) P. 53.   (4) P. 54 et 56.

eurie qui n'anéantit point *ces congréganistes, lesquels professent des sentimens religieux, des doc-
trines royalistes, et signeront quand on voudra la
formulaire de 1682* (1).

M. de Montlosier passe aux jésuites, qui ne mé-
ritaient point un chapitre particulier, puisque la
congrégation émane d'eux, et que M. l'abbé L***,
chef de la faction dite *association de Saint-Jo-
seph*, est un *jésuite* (2) *secret*, et tous les congréganistes des *affiliés* à la compagnie de Jésus.....
Cependant M. de Montlosier (qui a infiniment
d'esprit), après avoir démontré l'identité des congréganistes et des jésuites, parvient à les distin-
guer assez pour faire de ces derniers le sujet d'une
seconde délation.

On ne pourra nous accuser *d'aucune* exagéra-
tion, lorsque nous dirons, que le plus sincère
résumé des premiers reproches adressés aux jésuites par M. de Montlosier est entièrement con-
tenu dans ces paroles de Saint Paul : *tout à tous* (3).
Justifierons-nous un ordre religieux d'avoir suivi
le conseil de l'apôtre?.... M. de Montlosier le dit :
*Toutes les attaques contre les jésuites, quand on a
voulu les* PRÉCISER *se sont trouvées fausses* (4).

(1) P. 34.   (3) P. 39 et 40.
(2) P. 31.   (4) P. 40.

(16)

Comment les aurait-on précisées ces attaques?
M. de la Chalotais lui-même a dit : « Si l'on veut
» approfondir les faits et juger les personnes et
» la doctrine, on ouvre la porte à des discussions
» interminables et à toutes les préventions de
» parti (1). » Un magistrat qui sollicite un arrêt
de condamnation, et qui ne veut pas ouvrir la
porte aux discussions! Mais peut-on citer M. de
la Chalotais, qui dans un discours longuement
médité dit d'abord : *le public est toujours juste;*
puis ajoute : *il ne raisonne pas* (2).

Ne cherchons plus pourquoi M. de Montlosier
s'égare dans un vague surprenant, puisqu'il nous
en révèle la cause. D'autres avant lui employèrent
ce moyen par la raison la moins incontestable :
celle de la nécessité. Ce fut toujours ainsi
qu'on attaqua la société fondée par Ignace de
Loyola. Pouvait-on lui dire : « Jaloux de l'éclat,
» de la grandeur, du pouvoir que vous devez aux
» lois, qu'un vaste génie sans modèle, et jusqu'à
» présent sans imitateur, créa pour vous, nous
» vous interdisons l'honneur d'éclairer les rois, de
» civiliser les peuples, de professer les sciences,
» les arts; de propager la foi; car nul n'y par-
» vint jamais aussi merveilleusement que vous :
» expiez le tort de la supériorité, et que l'envie,

(1) Compte rendu. p. 189.
(2) *Idem,* p. 193 et 200.

» son inséparable escorte, s'attache à vos pas
» dans tous les temps?·» On ne dit pas ces choses-
là ; mais comme on les sent, comme on les comprend ! *De la grandeur, voilà ce qu'on aperçoit constamment*, répète M. de Montlosier après M. de Pradt. En faut-il plus pour importuner, blesser, exciter la colère et la haine? Si les constitutions des jésuites sont un des plus beaux ouvrages produits par l'esprit humain, et que ce corps entier présente un des ensembles les plus parfaits qu'on puisse admirer, les membres qui le composent ne possèdent point partiellement la perfection du tout : de là des jésuites ignorans, vicieux, criminels comme d'autres hommes. M. de Montlosier rappelle la Ligue ; il oublie quels furent les ligueurs. Princes, seigneurs, gentilhommes, bourgeois, artisans, femmes de toutes les classes, moines de tous les ordres, aspiraient alors au régicide. Jacques Clément y arriva. Quelques jésuites ambitionnèrent-ils ce triste honneur? Hélas! interrogez les annales de cette époque et comptez les sujets fidèles. M. de Montlosier rappelle des livres écrits par des jésuites et qui ont été condamnés. Mais plus d'une production académique a éprouvé le même sort : faudra-t-il consulter sur la *congrégation* de l'institut? Plus la liste que nous offre M. de Montlosier de jésuites punis du dernier supplice est nombreuse,

plus nous acquérons la conviction que ce corps, ou ne jouissait pas d'une puissance sans bornes; ou ne l'employait point à se soustraire à l'action des lois. En général, les preuves avancées par M. de Montlosier sont malheureusement choisies; et nous ne démontrerions pas mieux que lui, qu'on a trouvé des conspirateurs, des assassins, des régicides à toutes les époques, dans tous les pays, dans tous les rangs : s'ensuit-il qu'il faille nécessairement renvoyer de France tous les *Pères de la foi?* On voudra bien observer que nous n'excusons aucune des erreurs, aucun des crimes attribués à des jésuites par M. de Montlosier : nous nous contentons de rappeler, qu'ils furent toujours, dans les cas de culpabilité, réprimandés, condamnés et punis, et nous demandons, si une telle justice n'est pas suffisante, ce qu'il convient de requérir; car si au lieu de classer religieusement les hommes en congréganistes, jésuites, ultramontains et prêtres, vous les rangiez en courtisans, parlementaires, gens d'épée, pastoureaux, artisans de faubourg, professeurs, étudians, maîtresses de rois; du rang qui touche le trône à celui qui ne l'apercevra jamais, vous rencontreriez des factieux : l'extermination du genre humain devient indispensable, si l'on ne se renferme pas dans l'individualité, et ce serait abuser du lecteur que de citer des faits à l'appui de ce raisonnement; il nous dispense de suivre scrupuleusement M. de Montlosier, qui énumère tout, exhume tout, et dans beaucoup de circonstances oublie tout.

Nous croyons avoir prouvé, au moyen du livre de M. de Montlosier, que le pouvoir des jésuites n'excède point celui des lois, et que leur crédit influe peu sur la volonté du souverain. Mais l'ambition leur reste. Examinons ce point. Qu'il soit question de rétablir une théocratie comme au temps d'Aaron, c'est ce qu'il est certainement superflu de discuter : ce ne serait qu'au moyen des autorités existantes qu'on pourrait obtenir de la domination; et la stupidité seule tenterait de montrer aux yeux qu'elle en exerce une indépendante de la puissance reconnue. Nous ne sommes point assez disposés à l'obéissance, pour nous y soumettre indifféremment. Il faudra donc circonvenir les rois, pénétrer dans leurs conseils, et substituer à leur volonté une autre volonté : régner par eux enfin...

Quelles que soient les grâces qu'il plaise à Dieu de répandre sur les chefs des peuples, a-t-il étendu leur intelligence et multiplié leurs facultés jusqu'à l'infini? et l'esprit de conseil, de science, est-il pour eux autre chose que le discernement, l'art de choisir des ministres? Ce poids incalculable d'une couronne, quel humain le porta jamais seul? Un dieu *fait homme* s'adjoignit des hommes pour accomplir sa mission sur la terre. Tant qu'on est appelé à participer au pouvoir par le pouvoir lui-même, l'ordre subsiste; et les nations n'ont point encore vu un prince remplissant simultanément toutes les fonctions, tous les emplois qui maintiennent dans ses états la justice et la paix, y font prospérer les sciences, les arts, l'industrie; et veillent aux besoins particuliers ainsi qu'à la prospérité publique. Cette soustraction du pouvoir suprême deviendra-t-elle la proie des jésuites? c'est-là très-positivement ce que M. de Montlosier demande en un volume aux jurisconsultes; et tout son ouvrage pourrait se réduire à ce peu de mots. On conçoit fort bien que les gens de la Cour s'inquiètent à cet égard; ainsi que tous ceux qui sont revêtus plus ou moins d'autorité : mais ce nombre est fort petit; et le salut de l'état n'est pas intéressé à ce que le privilège d'occuper toutes ses charges soit concentré dans des familles qui se reproduisent par la génération, ou dans des corps qui se perpétuent par des agrégations. Déclarerons-nous l'infaillibilité des favoris, nous qui contestons celle du pape? Les souverains russes, prussiens, anglais, turcs, ont-ils donc été servis si admirablement; et la morale, la sincérité, l'humanité de leurs cabinets seront-elles citées comme modèles à notre

Cour? L'ambition des jésuites ne trouve d'oppo-
sans que parmi les ambitieux; et la majesté, la
puissance royale demeurant dans son intégrité,
qu'importe aux Français les instrumens qu'elle
employe pour assurer leur bonheur, s'ils sont
heureux? M. de Montlosier leur persuadera-t-il
qu'ils seront appelés au ministère, à la pairie, à
l'administration, s'ils parviennent à disperser, à
anéantir des gens aussi capables de former des
ministres, des législateurs, des administrateurs?
Mériterons-nous, comme d'Alembert et la Chalotais, le surnom de *Katon*, en criant, combat-
tant pour des intérêts qui ne seront, qui ne sau-
raient être les nôtres, qu'en ce sens : que c'est
pour les plus habiles que nous devons prendre
parti; et sincèrement, de quel côté est l'habileté,
selon M. de Montlosier? Il veut que nous nous
révoltions contre une influence si prudente, si
douce, si irrésistible; qu'elle se trouve établie
sans qu'aucune atteinte nous ait révélé sa pré-
sence. Nous avons cédé à la *séduction....* Mais nommera-t-on ainsi la grâce, la persuasion, tout ce qui
plaît? Ah! que ces armes deviennent celles de nos
rois, qu'ils ne les dédaignent point; elles seront
plus sûres que des épées agitées autour d'eux,
que des trésors dispensés en leur nom.

Il semble que c'était un temps de délices que
celui où les émanations du pouvoir résidaient dans

des généraux, et dans les sectateurs de la philo-
sophie moderne. Nous ne jugerons point cette
époque; mais s'il faut l'apprécier par le concert
de plaintes qui s'élevaient de tous côtés, nous
n'avons rien à lui envier. Tant de souvenirs sont-
ils déjà effacés? On nous montre la tyrannie en
Espagne et le ridicule en Sardaigne; nous voyons
aussi le déspotisme en Perse, l'extravagance au
Congo, sans l'intervention des disciples de Loyola:
il suffit d'être enfans d'Adam pour fournir dans
tous les genres possibles des exemples sublimes
ou déplorables. On revient sur l'Espagne. Hé bien!
elle fait une révolution : nous savons comment
cela se pratique. On a chanté : *c'est la faute de
Voltaire, c'est la faute de Rousseau* : chanterons-
nous : *c'est la faute des jésuites?* En y regardant
de près, nous trouverions peut-être dans des
livres réimprimés, loués tous les jours, de quoi
ne pas rendre si sot le refrain relatif aux deux
philosophes; mais les Pères de la foi redonnent-ils
au public ces ouvrages des siècles passés, dont le
progrès des lumières et de la civilsation nous a
dévoilé l'absurdité et le danger? M. de Montlosier
s'est fait l'écho de tous les écrivains pamphlé-
taires et journalistes, qui signalent comme par-
ticulièrement envahissante la religion catholique;
mais il ne remarque pas, que non-seulement le
gouvernement, mais aussi les gouvernés s'im-

miscent très-fréquemment dans les affaires pûrement religieuses. Qu'un prêtre convaincu de quelques-uns des délits prévus par nos codes, soit soumis à la juridiction de ceux qui en appliquent les articles, c'est l'exécution de la Charte, c'est ce qui doit être. Mais comme notre gouvernement n'est point une théocratie, nous suivons des lois humaines sans pouvoir nous soustraire aux lois divines. Vainement s'agitera-t-on sous ce double joug, il faudra le reconnaître, où quitter la France, ou abandonner la religion de ses pères. On allègue des refus de sépultures. D'un ton indigné, d'un ton attendri, on demande pourquoi la voix de ce prêtre qu'un mourant a refusé d'entendre, ne retentit pas sur son cercueil (1)? Maintenant on signale un ecclésiastique

(1) Ce mourant n'a pas voulu reconnaître le seul Dieu au nom duquel le prêtre catholique pouvait lui parler, et le prêtre catholique s'adressera à ce Dieu au nom du mourant, et lui dira : « J'ai mis en vous seul toute mon espérance. » Se joue-t-on du Dieu, se rit on du mort? Est-ce l'accomplissement de cette parole au pécheur : « Tu tomberas toujours en ma puissance, » que l'on veut provoquer, quand on force les ecclésiastiques à introduire dans leurs églises ces corps qu'une impulsion spontanée a cessé de mouvoir? Ces corps qui ne se ranimeraient peut-être que pour fuir encore ce lieu qu'ils ont dédaigné, ces cérémonies qu'ils ont méprisées, ces lévites qu'ils ont haïs..... Va-t-on refaire les canons et les déci-

qui veut retarder la première communion d'une petite fille parce qu'elle a été au spectacle : jusqu'à quel point notre intolérance exigera-t-elle que le clergé devienne tolérant ! Nous y gagnerions de le trouver relâché... Demandez donc aussi la révélation des confessions pour savoir ce qu'occasionnent de désordres dans certains esprits ces représentations théâtrales, *ces lieux communs de morale lubrique* qu'il serait hazardeux d'interdire, mais dont il est utile et moral de rendre la fréquentation rare, les sages (1) comme les dévots s'étant toujours élevés contre les actions qui n'ont que le plaisir pour but. Quand M. de Montlosier nous donne une nomenclature de cardinaux courtisans et d'abbés mondains, il nous rappelle de mauvais chrétiens; car là division qu'établit M. de Montlosier entre la *vie dévote* et la *vie chrétienne*, ne nous paraît pas fixée sur une base juste. La vie dévote est une espèce de consécration de ses ac-

sions de l'Eglise ? Va-t-on renouveler les barbaries de l'intolérance passée? car c'est tout un, de violenter la conscience du prêtre ou celle du laïque; contraindre à renoncer ou à embrasser une croyance est également injuste, répréhensible et défendu, par l'Evangile d'abord, par nos lois ensuite. Tous les Français ne sont pas obligés à livrer les dépouilles mortelles de leurs pères aux prêtres catholiques : les prêtres catholiques, qui ne sont point fossoyeurs, peuvent-ils être dans l'obligation d'enterrer tous les Français?

(1) Marc-Aurèle, Quintilien, Tacite, Cicéron.

tions au service direct de Dieu ; la vie chrétienne est une espèce de consécration de ses actions au service indirect de Dieu : beaucoup de prières, le soin des malades, l'enseignement, fut le partage de la première; peu de prières, tous les genres de travaux appartiennent à la seconde : mais toutes deux devant être exemptes d'orgueil, d'ambition, de pompes, d'avarice, de tout ce qui constitue la vie mondaine. Et, si nous jugeons ainsi, trouverons-nous beaucoup de gens qui ne puissent marcher à la suite des Richelieu, des Retz, des Chaulieu, des Terray ? Enfin il est clair, il est positif que c'est pour arriver au corps religieux tout entier que M. de Montlosier en cite quelques membres. Et nous le prouvons par le paragraphe suivant :

« Voilà le vrai : en Angleterre, en Allemagne,
» en France, ce ne sont ni les dogmes, ni les pré-
» ceptes qui effrayent les nations; partout le grand
» obstacle à notre religion, ce sont nos prêtres.
» Amalgamée avec l'autorité civile, leur autorité
» est odieuse; séparée de l'autorité civile, comme
» elle devient rivale, elle est embarrassante :
» on ne sait ni comment la réprimer; ni comment
» la favoriser; on ne sait comment vivre avec elle. »

Quelles conséquences, juste Dieu, tirera-t-on de cette *autorité, de cette rivalité, de cet embarras!* Hé ! pourquoi M. le comte de Montlosier écrivait-il un volume, quand il a su en quelques lignes en renfermer toute l'essence! Nous avions pressenti qu'il suffirait d'examiner ùn chapitre ou deux pour donner aux lecteurs une idée de l'esprit dans lequel fut conçu tout l'ouvrage; mais, nous le voyons, nous avons encore trop étendu ces réflexions. Comme le dit M. de Montlosier: *voilà le vrai......* *Le compte rendu de M. de la Chalotais* annonçait une humeur douce en comparaison du *mémoire à consulter;* M. de la Chalotais disait que le sort des jésuites est d'être haïs en corps et d'être aimés en détail: M. de Montlosier n'en est pas là; et il a tantôt séparé, tantôt réuni tout ce qui porte quelques signes religieux pour proscrire tout en masse; il joint même aux *prêtres,* les *échafauds* et les *gendarmes* (1), et notre France semble régie par les familiers et les bourreaux de l'inquisition.... Il faut terminer; tout dans le *mémoire à consulter,* se renferme, se concentre dans les *jésuites;* c'est eux, retrouvés, ramifiés, amplifiés, dans la *congrégation,* l'*ultramontanisme* et les *prêtres.* Si l'on daigne se rappeler le commencement de cet écrit, et que l'on ait présent à la mémoire le livre de M. de Montlosier, on concevra que la confiance publique ne peut être obtenue par un auteur qui accuse, qui dénonce,

____

(1) Page 158.

en avouant lui-même qu'il sait à peine ce qu'il va accuser et dénoncer ; un auteur qui nous parle de liberté civile, en nous interdisant la liberté religieuse; un auteur qui nous parle d'égalité, en proscrivant une corporation où la naissance la plus illustre, la fortune la plus immense n'a jamais donné un rang : où le mérite seul, uniquement seul, est la seule prépondérance reconnue : une corporation qui accueille les *serviteurs* comme les *maîtres* ; les *fous* comme les *sages* ; les *bêtes* comme les *gens d'esprit* ; non pour les placer sur une même ligne, où les uns seraient l'objet du mépris, les autres des hommages, mais pour leur apprendre qu'enfans et adorateurs d'un même Dieu, ils sont tous destinés à lui plaire, à l'aimer, à le servir selon leurs facultés, selon même leurs imperfections ; car nous savons qu'il y a un mérite dans la douleur, dans les infirmités, dans l'incapacité même. Ah ! que M. de Montlosier ne nous dise point : *Avant tout, les prêtres doivent chercher la morale dans le cœur humain, et non pas dans leurs préceptes* (1). Ils n'auraient trouvé là ni la foi, ni l'espérance ni la charité; et la morale dépouillée de ces vertus, ne peut contenter que les heureux; que les savans du siècle. Donnez donc *La Bruyère, La Rochefoucault, Montaigne* dans les campagnes ou

____

(1) Page 239.

dans les faubourgs, aux vieillards qui souffrent, aux mères qui pleurent?... Mais il est vrai que c'est *d'abord le respect pour les rangs que M. le comte de Montlosier veut qu'on rétablisse* (1). Nous ne demandons pas mieux ; mais Bonaparte disait à ceux qui faisaient *l'empire* sous sa direction : « Laissez au moins la république des lettres aux Français. » Nous dirons : « Laissez au moins l'égalité aux congrégations. » Et cela nous le dirons sincèrement, car bien que nous ayons supposé que les jésuites pouvaient avoir de l'ambition, qu'elle pouvait être couronnée de succès, nous ne voyons point l'autorité, la faveur entre les mains des *Pères de la Foi,* qui, nous dit-on, les ressucitent. L'éducation de beaucoup d'enfans est confiée à ces Pères? Pourquoi repousser le meilleur motif parce qu'il est le plus simple? C'est que ces Pères enseignent bien : car on n'a pas, que nous sachions, contraint de parens, ni enlevé d'enfans. Des missionnaires ont fait de mauvais sermons, de mauvais vers, et des niaiseries, qui ont pourtant trouvé grand nombre d'admirateurs dans les classes inférieures ; mais les journalistes, zélateurs du bon goût et des bonnes manières, ont craint le prosélytisme ; ils ont critiqué les missionnaires : un magistrat s'est

(1) Page 513.

trompé sur l'intention des journalistes; une cour royale a prononcé qu'il y avait eu d'une part scandale, de l'autre inconvenance : voilà une affaire jugée. Que veut-on de mieux? Des hommes qui errent; une justice qui décide, et dont les décisions sont reçues avec silence; respect et soumission. Nous ne croyons pas assez à la perfectibilité pour vouloir davantage. M. de Montlosier l'accorde : *au moment présent toutes les intentions sont pures* (1). C'est donc simplement la *prévention* qu'il requiert..... La nation n'accueillerait pas ce système, n'importe contre qui on l'établirait, et si elle n'était curieuse de choses extraordinaires, étonnantes, incompréhensibles, pourvu qu'elles soient bien dites, elle n'accueillerait pas davantage le livre de M. de Montlosier, qui se termine ainsi :

« Les plaintes et griefs exposés au présent mé-
» moire peuvent être réduits aux chefs suivans :

» 1°, Les quatre grandes calamités que j'ai sig-
» nalées, savoir : la congrégation, le jésuitisme,
» l'ultramontanisme, le système d'envahissement
» des prêtres, menacent la sûreté de l'état, celle
» de la société, celle de la Religion. »

Comme il nous a été impossible de trouver dans le *Mémoire à consulter* une seule preuve

____

(1) P. 158.

positive et démonstrative que *la sûreté de l'état, de la société et de la religion* fût menacée, nous ne rapportons que ce premier chef dont tous les autres ressortent. On comprendra aussi pourquoi nous gardons un silence absolu sur le chapitre VIII. Le respect nous interdit de discuter cet étonnant chapitre.

Nous finirons en suppliant le lecteur de se souvenir combien de gens, selon M! le comte de Montlosier, doivent se croire enveloppés dans la *grande conspiration* qu'il révèle, et en combien d'espèces il les a divisés : ce n'est aspirer à rien d'important, à rien de flatteur que de se regarder comme impliqué dans cette affaire ; mais le renom de conjuré ne s'accepte point aussi volontiers que celui d'imbécille, les suites en étant assez différentes. Chacun se justifiera donc, selon la classe qu'il occupera dans une des *quatre grandes calamités* (1) qui composent le système subversif dénoncé par M. le comte de Montlosier, et selon l'intelligence que le ciel lui aura départie. Les uns auront recours aux pièces historiques ; les autres aux raisonnemens ; on en verra suivre pas-à-pas l'auteur *du Mémoire à consulter ;* tandis que quelques-uns s'arrêteront à un petit nombre de considérations ; les moins habiles s'appliquant,

____

(1) P. 315.

comme nous l'avons fait, l'épigraphe placée à la
tête de cet écrit, se contenteront de publier les
réflexions que leur suggérera la lecture du mémoire et l'intérêt de leur sûreté personnelle ; car,
nous le répétons, on peut rire par fois des formes
qu'affecte bon gré mal gré M. de Montlosier, mais
du fonds, il n'y a pas moyen : c'est donc avec le
sentiment que nous usons du droit le plus naturel
et le plus légitime, qu'à notre tour nous demandons, non à MM. les jurisconsultes qui se moque-
raient de nous, mais à toutes les bonnes per-
sonnes qui ont le sens commun :

1°, *Si, quand les individus dénoncés à la justice
sont condamnés et punis par elle, on doit regarder le corps auquel ils appartiennent comme
étant au-dessus des lois* (1)?

2°, *Si quand des individus ne peuvent obtenir
le renvoi d'un ministre, on doit considérer le corps
auquel ils appartiennent comme jouissant auprès
du souverain d'un crédit allarmant* (2)?

(1) Page 12.   (2) Page 30.